RACLETTE

Impressum

HEEL Verlag GmbH
Gut Pottscheidt
53639 Königswinter
Tel.: 02223 9230-0
Fax: 02223 9230-13
E-Mail: info@heel-verlag.de
Internet: www.heel-verlag.de

Dieses Buch ist in Zusammenarbeit mit Tefal entstanden.

Fotos: Sandra Then
Coverfoto: © Tefal
Projektleitung: Christine Birnbaum
Gestaltung: Christine Mertens, Heel Verlag

FSC www.fsc.org MIX Papier aus verantwortungsvollen Quellen FSC® C014138

Product footprint CO_2 Neutral PBN-CFMCP-015258 www.preferredbynature.org

Printed in Czech Republic

ISBN 978-3-96664-515-7

NINA ENGELS

RACLETTE

HEEL

INHALT

VEGGIE UND VEGAN

FLEISCH UND FISCH

GRILL UND HEISSER STEIN

SÜSSES NICHT NUR ZUM DESSERT

SAUCEN UND DIPPS

GERÄTE

Raclette-Geräte gibt es in verschiedensten Größen, die meisten Geräte haben inzwischen einen integrierten Grill, auf dem einzelne Zutaten separat zubereitet werden können. Unten schiebt man ganz klassisch die Pfännchen hinein und darüber wird parallel gegrillt.

In dieser Form fast schon ein Klassiker – für bis zu 8 Personen

Die ovale Form eignet sich für kleinere, aber auch runde Tische

Das kleinste Raclette-Gerät – mit nur zwei Pfännchen, aber der Grill darf natürlich auch hier nicht fehlen

GRILL-FUNKTION

Die Grillfunktion eignet sich nicht nur dazu, ganze Gerichte zuzubereiten oder einzelne Komponenten, die zu einem Pfännchen gereicht werden, sie dient bei einigen Rezepten auch dazu, erste Zubereitungsschritte zu machen, die dann im Pfännchen vollendet werden.

ALLERLEI KÄSE

Neben dem „Original“ aus der Schweiz, dem würzigen Raclette-Käse, der als Laib oder in Scheiben erhältlich ist, gibt es eine ganze Reihe anderer Käsesorten, die sich für ein Raclette eignen.
Neben Provolone, Fontina oder Bergkäse schmecken auch Gorgonzola, Höhlenkäse, Manchego, Cheddar – einfach ausprobieren und den Lieblingskäse herausfinden!

Tefal

RACLETTE MAL ANDERS

Wir alle kennen Raclette als klassisches Herbst- und Winteressen, wenn zur kalten Jahreszeit die Sinne und der Gaumen nach etwas Deftigerem lechzen. Schnell vorbereitet und immer ein Highlight, genießen wir es fast immer in geselliger Runde. Inzwischen gibt es Geräte, in denen 12 Pfännchen gleichzeitig zubereitet werden können. Ob dann 12 langmütige oder 6 ungeduldige Esser am Tisch sitzen, die immer gleich zwei kulinarische Eisen unter der Heizspirale haben, sei mal dahingestellt. Aber warum wandern eigentlich immer nur die einschlägig bekannten Zutaten in die Pfännchen? Warum nicht mal Neues ausprobieren? Kreuz und quer durch die Aromen der Welt? Dabei ist es so einfach, mal Kartoffeln gegen Reisnudeln zu tauschen und Raclette-Käse gegen Provolone. Und wenn man dann auch noch beherzt und mit viel sensorischem Feingefühl in die leckersten Tiefen der Gewürzschublade eintaucht, wird das Raclette zum Ereignis. Pellkartoffeln schmecken schließlich auch mit Quark!

Genussvolles Ausprobieren!

VEGGIE UND VEGAN

Deftige Käsespätzle und Zwiebelringe mit Kräuter-Emmentaler-Sahne

Veggie

FÜR 4 PERSONEN

- 300 g griffiges Spätzlemehl
- 4 Eier (Gr. M)
- 60 ml Mineralwasser mit Kohlensäure
- Salz
- Pfeffer
- Muskat
- 3 Zwiebeln
- 2 EL Butterschmalz
- 1 Bund Schnittlauch
- 5 Stängel glatte Petersilie
- 400 g Emmentaler (oder eine vegetarische Alternative)
- 200 ml Sahne

1 Das Spätzlemehl mit Eiern, Mineralwasser, etwas Salz, Pfeffer und Muskat in einer Schüssel so lange kräftig verrühren, bis der Teig große Blasen wirft und zäh vom Kochlöffel fließt. Ist der Teig zu fest, noch einen Schuss Sprudelwasser hinzugeben. Abgedeckt 30 Minuten ruhen lassen.

2 Die Zwiebeln schälen und in Ringe schneiden. In einer Pfanne das Butterschmalz zerlassen und die Zwiebelringe darin goldbraun braten. Anschließend auf Küchenpapier abtropfen lassen und in eine Schüssel füllen.

3 Kräuter waschen und trocknen. Den Schnittlauch in feine Röllchen schneiden, die Petersilienblätter hacken. Den Käse reiben. 200 g davon abnehmen und in eine Schale füllen.

4 Ausreichend Salzwasser für die Spätzle aufsetzen. Sobald es kocht, den Spätzleteig portionsweise durch eine Spätzlepresse hineindrücken. Wenn die Spätzle aufsteigen, mit einer Schaumkelle abschöpfen und die nächste Portion hineinpressen. Fertige Spätzle mit den Zwiebelringen mischen.

5 Vom Spätzlewasser 1 Schöpfkelle abnehmen und mit der Sahne in einem Topf erhitzen. Nach und nach 200 g Käseraspel unterrühren und darin schmelzen lassen. Zum Schluss die Kräuter unterrühren und die Käsesauce mit Salz und Pfeffer abschmecken. Mit den Spätzle mischen.

6 Jeweils etwas Spätzlemischung und ein paar Zwiebelringe in ein Raclettepfännchen geben und etwas Käse darüberstreuen. Im heißen Gerät ca. 6 Minuten garen, bis der Käse schön zerlaufen ist. Dazu passt ein frischer grüner Salat.

Würzig überbackene Möhren-Zucchini-Puffer im Pfännchen mit Kräuterquark

Veggie

1 Die Kartoffeln waschen und in ausreichend kochendem Salzwasser ca. 20 Minuten bissfest garen. Anschließend abdämpfen und auskühlen lassen, pellen und grob raspeln.

2 Die Zwiebel schälen und sehr fein hacken. Zucchini waschen, putzen und fein raspeln, die Möhre putzen, schälen und fein raspeln. Das Gemüse mit dem Olivenöl, Salz und Pfeffer zu den Kartoffeln geben. Die Mischung gut verkneten.

3 Für den Kräuterquark Quark und Joghurt in einer Schüssel verrühren. Die Kräuter waschen und trocken schütteln. Schnittlauch in Röllchen schneiden, Petersilien- und Dillblätter hacken. Mit dem Zitronensaft und dem Olivenöl unter den Quark rühren und mit Salz und Pfeffer abschmecken. Den Käse in dünne Scheiben schneiden.

4 Jeweils etwas Kartoffel-Gemüse-Mischung in ein Pfännchen geben und flach drücken. Für ca. 6 Minuten gratinieren, bis sich braune Stellen bilden. Anschließend etwas Käse darauflegen und ca. 6 weitere Minuten garen, bis der Käse schön zerlaufen ist. Zusammen mit dem Kräuterquark genießen.

FÜR 4 PERSONEN

Für die Puffer

- 800 g festkochende Kartoffeln
- Salz
- 1 Zwiebel
- 1 Zucchini
- 1 Möhre
- 3 EL Olivenöl
- 400 g Raclette-Käse

Für den Kräuterquark

- 300 g Magerquark
- 200 g Naturjoghurt
- 1 Bund Schnittlauch
- ½ Bund glatte Petersilie
- ½ Bund Dill
- 2 TL Zitronensaft
- 2 EL Olivenöl
- Salz
- Pfeffer

Veganes Vietnam-Pfännchen mit Pak Choi, Möhren, Mango und Erdnüssen

Vegan

1 Die Reisbandnudeln in einer Schüssel mit kochendem Wasser übergießen und ca. 15 Minuten ziehen lassen, bis sie weich, aber noch bissfest sind. Dann abgießen, mit der Küchenschere in kürzere Stücke schneiden und in einer Schale mit 1 Teelöffel Salz, dem Sesamöl und dem Palmzucker verrühren.

2 Für die Sauce Limettensaft, No-fish-Sauce und Palmzucker verrühren. Die Chilischoten in feine Ringe schneiden und unterrühren. Bis zur weiteren Verwendung ziehen lassen.

3 Die Mangos schälen, das Fruchtfleisch vom Stein schneiden und dann in feine Streifen schneiden. Die Möhren putzen, schälen und schräg in Scheiben, dann in feine Streifen schneiden. Den Pak Choi waschen, putzen und ebenfalls in feine Streifen schneiden.

4 Die Möhren in wenig kochendem Salzwasser 2 Minuten kochen, kurz vor Ende der Garzeit den Pak Choi hinzugeben. Das Gemüse abgießen und abtropfen lassen. Die Erdnüsse grob hacken. Den Koriander waschen, trocken schütteln und die Blättchen abzupfen.

5 Die vorbereiteten Zutaten in Schüsseln anrichten. Portionsweise Nudeln, Gemüse und Mango in die Pfännchen geben. Mit etwas Limettensauce beträufeln und mit einigen gehackten Erdnüssen bestreuen. Ca. 6 Minuten erhitzen, bis die Erdnüsse braun werden und schön duften. Anschließend mit Koriander bestreuen und genießen.

FÜR 4 PERSONEN

- 250 g Reisbandnudeln
- Salz
- 4 EL geröstetes Sesamöl
- 2 EL Palmzucker
- 2 feste Mangos
- 2 Möhren
- 300 g Pak Choi
- 100 g Erdnüsse

Für die Sauce

- 6 EL Limettensaft
- 6 EL No-fish-Sauce
- 1 ½ EL Palmzucker
- 2 rote Chilischoten

Zum Bestreuen

- 1 Bund Koriander

Veganes Thai-Pfännchen mit mariniertem Tofu, Ananas, Sojasauce, Cashewkernen, Limettensaft und Sprossen

Vegan

1 Den Tofu in kleine Würfel schneiden. Die Knoblauchzehe schälen und hacken. Die Chilischoten in Ringe schneiden. Mit Tofu, Knoblauch und den restlichen Zutaten für die Marinade mischen und abgedeckt 30 Minuten ziehen lassen. Dann in eine Schale umfüllen.

2 Zwiebel, Knoblauch und Ingwer schälen und hacken. Mit 2 Esslöffeln Wasser mit dem Stabmixer pürieren. Das Erdnussöl in einem Topf erhitzen. Zwiebelpaste und Currypaste unter Rühren darin 3 Minuten anschwitzen. Kokosmilch, Limettensaft und Palmzucker hinzurühren, einmal aufkochen lassen und dann mit Salz abschmecken. In eine Schale umfüllen.

3 Die Kartoffeln pellen und klein würfeln. Die Cashewkerne grob hacken. Das Ananasfruchtfleisch in Würfel schneiden. Alle drei Zutaten in Schälchen füllen.

4 Etwas Kokossauce in ein Pfännchen geben, darauf Tofu, Kartoffeln, Ananas und Cashewkerne verteilen. Ca. 6 Minuten erhitzen und anschließend mit Korianderblättern bestreuen. Dazu Limettenachtel reichen.

FÜR 4 PERSONEN

Für Tofu und Marinade

- 400 g Naturtofu
- 2 Knoblauchzehen
- 2 rote Chilischoten
- 75 ml Sojasauce
- 2 TL Palmzucker
- 2 EL Tomatenmark
- 2 EL Erdnussöl

Für die Kokossauce

- 1 Zwiebel
- 2 Knoblauchzehen
- 2 cm Ingwer
- 1 EL Erdnussöl
- 2 EL rote Thai-Currypaste
- 300 ml Kokosmilch
- 1 EL Limettensaft
- 2 TL Palmzucker
- Salz

Außerdem

- 350 g Pellkartoffeln vom Vortag
- 100 g Cashewkerne
- 200 g frisches Ananasfruchtfleisch
- Korianderblätter zum Bestreuen
- Limettenachtel zum Servieren

Frisches Pilzpfännchen mit Knoblauch und Thymian

Veggie

1 Die Knoblauchzehen schälen und durch die Presse ins Olivenöl drücken.

2 Thymian waschen, trocken tupfen und die Blätter abzupfen. Die Petersilie waschen, trocken schütteln und die Blätter hacken. Die Kräuter mit der Olivenöl-Knoblauch-Mischung verrühren und mit Salz und Pfeffer würzen.

3 Die Pilze putzen, abreiben und in ca. 3 mm dicke Scheiben schneiden. Mit der Olivenölmischung in einer Schüssel vermengen. Den Raclette-Käse klein würfeln, den Montello raspeln und die beiden Käsesorten mischen.

4 Ein paar Pilzscheiben mit Kräuteröl in ein Pfännchen geben, etwas Käsemischung darüberstreuen und etwa 10 Minuten garen, bis der Käse schön zerlaufen ist und braune Stellen bekommen hat. Zum Beispiel mit Ciabatta genießen.

FÜR 4 PERSONEN

- 2 Knoblauchzehen
- 5 EL fruchtiges Olivenöl
- 1 Bund Thymian
- ½ Bund glatte Petersilie
- Salz
- Pfeffer
- 500 g gemischte Pilze (z. B. Steinpilze, Kräuterseitlinge, braune Champignons)
- 250 g Raclette-Käse
- 100 g Montello

Knackiger grüner Spargel mit goldbraunen Pinienkernen, geschmolzenen Kirschtomaten und Feta

Veggie

FÜR 4 PERSONEN

- 400 g grüner Spargel
- Salz
- 2 Knoblauchzehen
- 3 EL Olivenöl
- 250 g Kirschtomaten
- 200 g Feta
- 100 g Frischkäse
- 100 g Naturjoghurt
- 5 Stängel glatte Petersilie
- Pfeffer
- 50 g Pinienkerne

1 Den Spargel waschen, im unteren Drittel schälen, die Enden abschneiden. Anschießend in kochendem Salzwasser ca. 5 Minuten bissfest garen. Abgießen, abschrecken und abtropfen lassen. Die Spargelstangen in ca. 3 cm lange Stücke schneiden und in eine Schale geben.

2 Knoblauch schälen und in das Olivenöl pressen. Die Kirschtomaten waschen, trocknen, die Stielansätze herausschneiden und die Früchte halbieren. Öl und Tomaten zum Spargel geben. Alles mit Salz und Pfeffer würzen und vorsichtig mischen.

3 Den Feta mit Frischkäse und Joghurt pürieren. Die Petersilie waschen, trocken schütteln und die Blätter hacken. Unter die Fetacreme rühren und mit Salz und Pfeffer pikant abschmecken.

4 Etwas Spargel-Tomaten-Mischung in die Pfännchen geben und ca. 5 Minuten erhitzen. Dann einen schönen Klecks Fetacreme darübergeben. Mit einigen Pinienkernen bestreuen und weitere 8 Minuten erhitzen, bis die Fetacreme leicht Farbe annimmt. Dazu schmeckt knuspriges Ciabatta.

Tefal
Tefal

Pizzapfännchen mit Artischocken, schwarzen Oliven und Mozzarella

Veggie

FÜR 4 PERSONEN

- 200 ml passierte Tomaten
- 2 TL getrockneter Oregano
- Salz
- Pfeffer
- 250 g eingelegte Artischocken
- 50 g schwarze Oliven ohne Stein
- 125 g Mozzarella
- 1 Packung Pizzateig aus dem Kühlregal

1 Die passierten Tomaten mit Oregano verrühren und mit Salz und Pfeffer pikant würzen.

2 Die Artischocken abtropfen lassen und in Streifen schneiden. Die Oliven in Ringe schneiden. Beides auf Schälchen verteilen. Den Mozzarella klein würfeln und ebenfalls in eine Schale geben.

3 Den Pizzateig entrollen und mit dem Backpapier auf Pfännchengröße zuschneiden. In die Pfännchen verteilen und zuerst auf dem heißen Stein oder der Grillplatte ca. 3 Minuten vorgaren. Dann mit Tomatensauce bestreichen, die Artischocken und Oliven daraufgeben und Mozzarella darüberstreuen. Ca. 6 Minuten garen, bis der Käse zerlaufen und der Teig knusprig ist.

Scharfes Nacho-Pfännchen mit Frühlingszwiebeln, Jalapeños, Cheddar und Guacamole

Veggie

FÜR 4 PERSONEN

- 1 Limette
- 2 Knoblauchzehen
- 2 Avocados
- 50 g Naturjoghurt
- Salz
- Pfeffer
- 1 Bund Frühlingszwiebeln
- 250 g Tomaten
- 1 Bund Koriander
- 50 g Jalapeños in Ringen
- 250 g Cheddar
- 200 g Tortilla-Chips

1 Die Limette auspressen. Die Knoblauchzehen schälen und hacken. Die Avocados halbieren, den Stein entfernen und das Fruchtfleisch herauslöffeln.

2 Avocadofruchtfleisch mit Limettensaft, Knoblauch und Joghurt pürieren und mit Salz und Pfeffer pikant abschmecken.

3 Frühlingszwiebeln waschen, putzen und in feine Ringe schneiden. Die Tomaten waschen, die Stielansätze entfernen und die Früchte klein würfeln. Koriander waschen, trocken schütteln und die Blätter abzupfen. Mit den Tomaten und den Frühlingszwiebeln mischen und ebenfalls mit Salz und Pfeffer pikant abschmecken.

4 Die Jalapeños abtropfen lassen, den Cheddar reiben.

5 Einige Tortilla-Chips in ein Pfännchen geben. Etwas Guacamole und Tomatensalsa hinzugeben, mit Cheddar bestreuen und 1–2 Jalapeños-Ringe darauflegen. Etwa 6 Minuten backen, bis der Käse schön zerlaufen ist.

Tefal

Aromatisches Radicchio-Pfännchen mit Olivenöl, Kräutern, Orangenfilets und Käsekruste

Veggie

1 Den Radicchio putzen, waschen, trocken schleudern und in Streifen schneiden. Den Knoblauch schälen und fein hacken. Die Orangen filetieren. Die Kräuter waschen, trocknen und die Blätter hacken.

2 Orangenfilets mit Kräutern und der Hälfte des Olivenöls in einer Schale mischen. Das restliche Olivenöl in einer Pfanne erhitzen und den Radicchio mit dem gehackten Knoblauch darin andünsten, bis der Radicchio gerade zusammengefallen ist, aber noch Biss hat. Währenddessen mit Zucker bestreuen und zum Schluss mit Salz und Pfeffer abschmecken. Den Radicchio in eine zweite Schale füllen. Den Ziegenkäse in Scheiben schneiden und in eine dritte Schale geben.

3 Etwas von der Orangen-Kräuter-Mischung und vom Radicchio in ein Pfännchen geben und mit Ziegenkäsescheiben belegen. Etwa 7 Minuten backen, bis der Käse schmilzt und leicht gebräunt ist.

FÜR 4 PERSONEN

- 600 g Radicchio
- 1 Knoblauchzehe
- 4 große Orangen
- 1 Bund Estragon
- 2 Zweige Minze
- 4 EL fruchtiges Olivenöl
- 2 TL brauner Zucker
- Salz
- Pfeffer
- 500 g Ziegenkäserolle

Indisches Spinat-Pfännchen mit Palak Paneer

Veggie

FÜR 4 PERSONEN

- 800 g frischer Spinat
- 200 g Kirschtomaten
- 2 Zwiebeln
- 3 Knoblauchzehen
- 3 cm Ingwer
- 1 rote Chilischote
- 5 EL Sonnenblumenöl
- 1 EL gemahlener Koriander
- 1 EL gemahlener Kreuzkümmel
- 1 TL gemahlener Kurkuma
- ½ TL Cayennepfeffer
- Salz
- 200 g Mascarpone
- 400 g fester Paneer

1 Den Spinat putzen, waschen und in Streifen schneiden. Die Kirschtomaten waschen, trocknen, halbieren und die Stielansätze entfernen. Die Zwiebeln schälen und in feine Streifen schneiden. Knoblauch und Ingwer schälen und fein hacken. Die Chilischote in feine Ringe schneiden.

2 Das Sonnenblumenöl in einem großen Topf erhitzen. Darin zuerst die Zwiebelstreifen braten, bis sie leicht Farbe nehmen. Tomaten, Ingwer und Knoblauch zugeben. Weitere 5 Minuten dünsten. Dann alle Gewürze und den Spinat zugeben. 1 Teelöffel Salz darüberstreuen und den Spinat bei geschlossenem Deckel zusammenfallen lassen. Den Deckel entfernen, den Mascarpone unterrühren und alles mit Salz abschmecken. Nach Belieben noch mehr Schärfe hinzufügen. In eine Schale umfüllen.

3 Den Paneer würfeln und in eine Schale geben. Etwas Spinatmischung in ein Pfännchen geben und mit Paneer-Würfeln bestreuen. Ca. 6 Minuten erhitzen, bis der Paneer Farbe nimmt. Dann am besten mit indischem Chapati oder Naan genießen.

VARIATION

Paneer ist der namensgebende Original-Käse bei diesem Pfännchen. Wer lieber geschmolzenen Käse mag, tauscht den Paneer durch Mozzarella.

Lauchpfännchen mit getrockneten Tomaten und Pinienkernen

Veggie

FÜR 4 PERSONEN

- 800 g Lauch
- 2 EL Olivenöl
- 8 getrocknete Tomatenfilets in Öl
- 500 g Raclette-Käse in Scheiben
- 100 g Pinienkerne

1 Den Lauch waschen, putzen und in feine Ringe schneiden. Das Olivenöl in einer Pfanne erhitzen, den Lauch hinzugeben und mit Salz und Pfeffer würzen. Bei kräftiger Hitze braten, bis der Lauch braune Stellen bekommt, dann in eine Schale umfüllen.

2 Die Tomatenfilets trocken tupfen, in feine Streifen schneiden und unter den Lauch heben.

3 Etwas Lauchmischung in ein Pfännchen geben, darauf eine Scheibe Raclette-Käse legen und mit einigen Pinienkernen bestreuen. Ca. 7 Minuten backen, bis der Käse schön zerlaufen ist.

Tefal

Orientalisches Couscous-Halloumi-Pfännchen mit Petersilie, Frühlingszwiebeln und Granatapfelkernen

Veggie

FÜR 4 PERSONEN

Für den Halloumi

- 2 Packungen Halloumi (insgesamt 500 g)
- 1 Knoblauchzehe
- 1 mittelscharfe rote Chilischote
- 10 schwarze Pfefferkörner
- 1 Rosmarinzweig
- 5 EL Olivenöl
- 1 EL Granatapfelsirup

Außerdem

- 200 ml Gemüsefond
- 200 g Couscous
- Salz
- 1 EL Butter
- 1 Bund Frühlingszwiebeln
- 1 Bund glatte Petersilie
- 1 Granatapfel
- 1 kleine Zucchini

1 Den Halloumi in Scheiben schneiden und in eine Schale geben. Die Knoblauchzehe schälen und durch die Presse zum Halloumi drücken. Die Chilischote in Ringe schneiden und mit den Pfefferkörnern dazugeben. Den Rosmarin mit der Küchenschere in Stücke schneiden und ebenfalls dazugeben, dann Olivenöl und Granatapfelsirup hinzugießen. Alles mit den Händen vorsichtig mischen und im Kühlschrank abgedeckt mindestens 2 Stunden marinieren lassen.

2 Den Gemüsefond aufkochen, Couscous in eine Schüssel geben und mit dem Fond übergießen. Abgedeckt 10 Minuten quellen lassen. Dann die Butter hinzugeben, alles mit einer Gabel auflockern und mit Salz abschmecken.

3 Die Frühlingszwiebeln putzen, waschen und in Ringe schneiden. Die Petersilie waschen, trocken schütteln und die Blätter hacken. Den Granatapfel halbieren und die Kerne herauslösen. Die Zucchini waschen, putzen und fein raspeln.

4 Zucchini, Petersilie, Frühlingszwiebeln und Granatapfelkerne in Schälchen füllen. Den Halloumi aus der Marinade nehmen. Jeweils etwas Couscous, Zucchini, Petersilie, Frühlingszwiebeln und Granatapfelkerne in die Schälchen geben und mit Halloumi bestreuen. Etwa 7 Minuten erhitzen, bis der Halloumi Farbe annimmt. Dazu am besten verschiedene orientalische Saucen reichen: Die Schafskäsesauce, die Sesamsauce und die scharfe Mangosauce passen perfekt. (Rezepte Seite 117, 110, 111)

Tefal

Shakshuka-Pfännchen mit pochiertem Ei, Zatar und Schafskäse

Veggie

FÜR 4 PERSONEN

- 2 Zwiebeln
- 1 rote Paprikaschote
- 800 g Tomaten
- 4 Knoblauchzehen
- 4 EL Olivenöl
- 1 EL Tomatenmark
- 2 TL Zatar
- 2 TL gemahlener Kreuzkümmel
- 1 TL gemahlener Koriandersamen
- 1 TL Paprikapulver edelsüß
- 1 TL Chiliflocken
- 1 TL brauner Zucker
- 250 g Schafskäse
- 16 Wachteleier (Gr. S)

Außerdem:

- Nach Belieben Schwarzkümmel zum Bestreuen
- Fladenbrot zum Servieren

1 Die Zwiebeln schälen und in Spalten schneiden. Die Paprikaschote halbieren, putzen, waschen und in Streifen schneiden. Die Tomaten kreuzweise einschneiden und die Stielansätze herausschneiden. Dann 1 Minute in kochendes Wasser legen. Abgießen, häuten und die Früchte würfeln. Die Knoblauchzehen schälen und fein hacken.

2 Das Olivenöl in einem Topf erhitzen und Zwiebel- und Paprikastreifen darin 5 Minuten bei mittlerer Hitze andünsten. Die Knoblauchzehen und das Tomatenmark hinzugeben, kurz mitdünsten, dann die Gewürze, den Zucker und die Tomatenwürfel hinzufügen. Alles verrühren und abgedeckt etwa 20 Minuten offen köcheln lassen. Mit Salz und Pfeffer abschmecken, dann in eine Schale füllen. Den Schafskäse zerkrümeln und in eine Schale füllen.

3 Etwas Tomatensugo in ein Pfännchen geben, ein Ei hineinschlagen und etwas Schafskäse darüberkrümeln. Ca. 8 Minuten erhitzen, bis das Eiweiß gestockt ist, das Eigelb aber noch leicht flüssig und der Schafskäse Farbe angenommen hat. Eventuell mit etwas Schwarzkümmel bestreuen und mit Fladenbrot genießen.

TIPP

Dazu schmeckt zum Beispiel der Schafskäsedip von Seite 117.

FLEISCH UND FISCH

Marinierte Garnelen in Sahne-Schafskäse-Creme

Fisch

1 Die Garnelen bei Bedarf am Rücken einschneiden und den Darm entfernen. Anschließend abspülen und trocken tupfen. Den Knoblauch schälen und durch die Presse drücken. Die Zitrone heiß waschen. 1 Teelöffel Schale abreiben und die Frucht auspressen. Thymian waschen, trocken tupfen und die Blätter abzupfen.

2 Garnelen, die Hälfte des Knoblauchs, Zitronenschale, 1 Esslöffel Zitronensaft und die Thymianblätter mit dem Olivenöl in einer Schale mischen. Abgedeckt im Kühlschrank mindestens 2 Stunden marinieren lassen.

3 In der Zwischenzeit die Petersilie waschen, trocken schütteln und die Blätter hacken. Die Tomaten waschen, die Stielansätze und Kerne entfernen und das Fruchtfleisch klein würfeln. Den Schafskäse zerkrümeln.

4 Die Hälfte des Schafskäses mit Sahne, Cayennepfeffer, dem restlichen Knoblauch, 2 Teelöffeln Zitronensaft und Tomatenmark pürieren. Tomatenwürfel, Oregano und Petersilie unterrühren und die Creme mit Salz und Pfeffer pikant abschmecken. Den restlichen Schafskäse in eine Schale geben. Die Garnelen ebenfalls in eine Schale geben.

5 Die Garnelen portionsweise mit etwas Creme in ein Schälchen geben und 12–15 Minuten garen. Nach 5 Minuten etwas Schafskäse darüberstreuen.

FÜR 4 PERSONEN

- 600 g küchenfertige Garnelen ohne Kopf und Schale
- 4 Knoblauchzehen
- 1 unbehandelte Zitrone
- 1 Bund Thymian
- 60 ml Olivenöl
- ½ Bund glatte Petersilie
- 2 Tomaten
- 400 g Schafskäse
- 100 ml Sahne
- ½ TL Cayennepfeffer
- 1 EL Tomatenmark
- 2 TL getrockneter Oregano
- Salz
- Pfeffer

Hähnchenbruststreifen mit Kapernäpfeln, zitronigem Tomatensugo und Provolone

Fleisch

1 Das Fleisch waagerecht halbieren, dann quer in dünne Streifen schneiden. Die Knoblauchzehen schälen und fein hacken. Die Pfefferkörner grob zerstoßen. Alle Zutaten für das Fleisch in einer Schale gut vermischen und abgedeckt im Kühlschrank mindestens 1 Stunde marinieren lassen.

2 Die Sardellenfilets abspülen und hacken. Die Oliven halbieren. Die Kapern halbieren. Die Petersilie waschen, trocken schütteln und die Blätter hacken. Passierte Tomaten mit Tomatenmark, Weißwein und Zitronensaft verrühren.

3 Die Tomatenmischung in einen Topf geben und aufkochen. Bei kleiner Hitze offen 20 Minuten köcheln lassen.

4 Das Hähnchenfleisch aus der Marinade nehmen und in einer Schale anrichten. Die restliche Marinade in den köchelnden Tomatensud geben. Sardellen, Oliven, Kapern und Petersilie unterrühren. Alles weitere 5 Minuten köcheln lassen, dann mit Salz und Pfeffer abschmecken und in eine Schale umfüllen. Den Provolone in Streifen schneiden.

5 Etwas Tomatensugo und einige Hähnchenbruststreifen in ein Pfännchen geben. Den Provolone darüber verteilen. Etwa 10 Minuten garen, bis das Fleisch gar ist und der Käse Farbe angenommen hat. Zusammen mit Ciabatta genießen.

MORGEN SCHMECKT'S AUCH:

Bleibt etwas Tomatensugo über, schmeckt dieser auch wunderbar am nächsten Tag zu Pasta!

FÜR 4 PERSONEN

Für das Fleisch

- 500 g Hähnchenbrustfilet
- 2 Knoblauchzehen
- 6 schwarze Pfefferkörner
- 1 TL getrockneter Rosmarin
- 1 TL abgeriebene Schale einer unbehandelten Zitrone
- 4 EL Olivenöl

Für das Sugo

- 4 Sardellenfilets aus dem Glas
- 100 g schwarze Oliven ohne Stein
- 100 g Kapernäpfel aus dem Glas
- ½ Bund glatte Petersilie
- 400 ml passierte Tomaten
- 3 EL Tomatenmark
- 100 ml trockener Weißwein
- 1 EL Zitronensaft
- Salz
- Pfeffer

Außerdem

- 400 g Provolone
- Ciabatta zum Servieren

Tefal

Speckbohnen-Röllchen mit Zimtapfel und Raclette

Fleisch

1 Die Bohnen putzen und in kochendem Salzwasser ca. 7 Minuten bissfest kochen. Dann abgießen, abschrecken und abtropfen lassen.

2 Die Bohnen in 16 kleine Portionen aufteilen, auf Pfännchengröße kürzen und mit Bacon umwickeln.

3 Die Äpfel waschen, nach Belieben schälen, vierteln und das Kerngehäuse entfernen. Das Fruchtfleisch in Spalten schneiden und in einer Schale mit Zimt und Zitronensaft mischen. Raclette-Käse in Scheiben schneiden.

4 Die Speckbohnenröllchen auf dem Grill oder heißen Stein rundherum etwa 10 Minuten knusprig grillen. In die Pfännchen Raclette-Käse und Apfelscheiben verteilen. Etwa 7 Minuten garen, bis der Käse geschmolzen ist, dann mit den Speckbohnen genießen.

FÜR 4 PERSONEN

- 600 g Buschbohnen
- Salz
- 200 g Bacon in dünnen Scheiben
- 2 große Äpfel
- ½ TL Zimt
- 1 TL Zitronensaft
- 500 g Raclette-Käse

Tefal
Tefal

Rinderfiletstreifen mit Parmesan-Kräuterbutter-Streuseln

Fleisch

1 Das Fleisch in dünne Streifen schneiden. Oregano waschen, trocken schütteln und die Blätter abzupfen. Die Knoblauchzehe schälen und fein hacken. Alle Zutaten für das Fleisch in einer Schale mischen.

2 Für die Streusel den Parmesan fein reiben. Mit der Butter in eine Schale geben. Das Ei hinzugeben und alles verquirlen.

3 Die Kräuter waschen, trocken schütteln und die Blätter hacken, die Halme in Röllchen schneiden. Ebenfalls zur Butter geben. Die Mischung mit Salz und Pfeffer würzen und mit den Semmelbröseln krümelig kneten.

4 Etwas Rinderfiletstreifen in ein Pfännchen geben und Parmesanstreusel darüberkrümeln. Ca. 8 Minuten garen, bis die Streusel goldbraun geworden sind.

AUCH LECKER:

Wer mag, kann zuerst etwas Raclette-Käse in ein Pfännchen geben. Diesen schmelzen lassen, dann Fleisch und Streusel darüber verteilen und weitere 8 Minuten garen.

FÜR 4 PERSONEN

Für das Fleisch

- 600 g Rinderfilet
- ½ Bund Oregano
- 1 Knoblauchzehe
- 2 EL Olivenöl
- 1 TL Dijon-Senf
- Pfeffer

Für die Streusel

- 100 g Parmesan
- 100 g weiche Butter
- 1 Ei (Gr. S)
- 4 Zweige glatte Petersilie
- 4 Zweige Minze
- 1 Bund Schnittlauch
- Salz
- Pfeffer
- ca. 80 g Semmelbrösel

Asia-Garnelen-Pfännchen mit Ananas, Avocado und Frühlingszwiebeln

Fisch

1 Die Garnelen bei Bedarf am Rücken einschneiden und den Darm entfernen. Anschließend abspülen und trocken tupfen.

2 Erdnussöl, Chilipaste und Sojasauce verrühren und mit den Garnelen mischen.

3 Die Avocado halbieren, den Stein entfernen, das Fruchtfleisch aus der Schale lösen und würfeln. In einer Schale mit dem Zitronensaft mischen.

4 Die Ananas schälen, den harten Strunk entfernen und das Fruchtfleisch würfeln. Die Frühlingszwiebeln waschen, putzen und in ca. 3 cm lange Stücke schneiden.

5 Ein paar Garnelen, Avocado- und Ananaswürfel mit einigen Frühlingszwiebelstücken in ein Pfännchen geben und etwa 8 Minuten garen, bis die Garnelen gar sind. Anschließend mit etwas Sesam bestreuen und genießen. Zum Nachwürzen weitere Sojasauce reichen.

VARIATION

Nach Belieben können die Zutaten noch um Käse erweitert werden. Dafür die Zutaten wie oben beschrieben in Pfännchen geben und etwas Kreuzkümmelkäse in Streifen darauf verteilen.

FÜR 4 PERSONEN

- 600 g küchenfertige Garnelen ohne Kopf
- 2 EL Erdnussöl
- 2 TL Chilipaste (z. B. Sambal Oelek)
- 2 EL Sojasauce
- 1 Avocado
- 2 TL Zitronensaft
- ¼ Ananas
- 1 Bund Frühlingszwiebeln

Außerdem

- Sesam zum Bestreuen
- Sojasauce zum Servieren

Chorizo-Paprika-Manchego-Pfännchen mit Datteln und Mandeln

Fleisch

FÜR 4 PERSONEN

- 2 rote Paprikaschoten
- 2 Knoblauchzehen
- 2 EL Olivenöl
- Salz
- Pfeffer
- 75 g Medjool-Datteln
- 75 g Mandeln
- 400 g Chorizo
- 200 g Manchego
- 200 g Raclette-Käse

1 Die Paprikaschoten halbieren, putzen, waschen und in Streifen schneiden. Knoblauch schälen und hacken. Beides im heißen Olivenöl in einer Pfanne ca. 8 Minuten dünsten, dabei mit Salz und Pfeffer würzen. Anschließend in eine Schale umfüllen.

2 Die Datteln und Mandeln grob hacken und beides unter die Paprikamischung rühren.

3 Die Chorizo häuten und in mundgerechte, ca. 0,5 cm dicke Stücke schneiden. Den Manchego raspeln und den Raclette-Käse in Scheiben schneiden.

4 Raclette-Käse mit Manchego-Raspeln portionsweise in Pfännchen geben. Darauf die Paprikamischung und die Chorizoscheiben verteilen. Etwa 7 Minuten garen, bis der Käse geschmolzen ist und die Chorizoscheiben zart gebräunt sind.

Hähnchen-Saltimbocca mit Fontina

Fleisch

FÜR 4 PERSONEN

- 400 g Hähnchenbrustfilet
- 1 Bund Salbei
- 500 g Kirschtomaten
- 500 g junger Fontina
- 2 EL Olivenöl
- Salz
- Pfeffer
- 150 g Pancetta in dünnen Scheiben
- 1 TL getrockneter Thymian

1 Das Hähnchenbrustfilet waschen quer in dünne Scheiben schneiden. Salbei waschen, trocken schütteln und die Blätter abzupfen. Die Kirschtomaten waschen und halbieren. Den Fontina von der Rinde befreien und klein würfeln.

2 Hähnchenbrustschnitzel in einer Schale mit Olivenöl mischen. Dann salzen, pfeffern und die Salbeiblätter darauf verteilen. Mit etwas Pancetta umwickeln und auf eine Platte legen.

3 Tomatenhälften in eine Schale geben. Mit Salz und Pfeffer würzen und mit Thymian vermengen. Die Fontinawürfel in eine weitere Schale geben.

4 Portionsweise Tomatenmischung und Fontinawürfel in Pfännchen geben und jeweils 1 Schnitzel darauflegen. Etwa 10 Minuten garen, bis der Pancetta kross und die Schnitzel gar sind. Noch kurz auf den Grill stellen, bis auch von unten alles köchelt.

Lachs unter Wasabi-Kruste mit Edamame-Creme

Fisch

1 Edamame auftauen lassen, dann in kochendem Salzwasser 2 Minuten köcheln. Abgießen, abschrecken und abtropfen lassen. Ingwer und Knoblauch schälen und grob hacken.

2 Alle Zutaten für die Creme mit dem Pürierstab cremig mixen. Je nach Vorliebe etwas mehr Joghurt zugeben, dann wird die Creme dünner. In eine Schale umfüllen.

3 Das Lachsfilet abspülen, trocken tupfen und eventuell noch vorhandene Gräten entfernen. In knapp 1 cm breite Streifen schneiden und mit 1 Esslöffel Limettensaft, der Sojasauce und dem Zucker in einer Schale mischen.

4 Den Parmesan fein reiben. Den restlichen Limettensaft mit Pankomehl, Parmesan, Butter, Wasabipaste und etwas Salz und Pfeffer verkneten, bis die Masse bindet. Dann in eine Schale geben.

5 Jeweils ein wenig Lachs in ein Pfännchen geben und Wasabimischung darüberkrümeln. Alles im heißen Gerät etwa 10 Minuten erhitzen, bis die Wasabikruste goldbraun ist. Mit einigen Korianderblättchen bestreuen und mit der Edamame-Creme genießen.

FÜR 4 PERSONEN

Für die Edamame-Creme

- 400 g Edamame-Bohnen (TK)
- 3 cm Ingwer
- 2 Knoblauchzehen
- 3 EL Limettensaft
- 3 EL Olivenöl
- 1 EL Tahin
- 1 TL Kreuzkümmel
- 100 g Naturjoghurt

Für Lachs und Kruste

- 600 g Lachsfilet (ohne Haut)
- 2 EL Limettensaft
- 2 EL Sojasauce
- ½ TL brauner Zucker
- 60 g Parmesan
- 100 g Pankomehl
- 100 g weiche Butter
- 2 EL Wasabipaste
- Salz
- Pfeffer

Außerdem

- Koriandergrün zum Bestreuen

Thunfisch-Kapern-Pfännchen mit Tomaten, Mozzarella und Basilikum

Fisch

FÜR 4 PERSONEN

- 2 Knoblauchzehen
- 1 getrocknete Chilischote
- 4 EL Olivenöl
- 2 Dosen Thunfisch (im eigenen Saft)
- 400 g Kirschtomaten
- 1 großes Bund Basilikum
- 2 EL kleine Kapern (aus dem Glas)
- Salz
- Pfeffer
- 3 Kugeln Mozzarella (insgesamt 375 g)

Außerdem

- 200 g Ciabatta

1 Den Knoblauch schälen und durch die Presse in eine Schale drücken. Die Chilischote zerbröseln und hinzugeben. Alles mit dem Olivenöl verrühren und mindestens 30 Minuten ziehen lassen. Dann das Würzöl durch ein Sieb in eine kleine Schale gießen.

2 Den Thunfisch abtropfen lassen, mit zwei Gabeln zerpflücken und in eine große Schale geben. Die Kirschtomaten waschen, trocknen, halbieren und die Stielansätze herausschneiden. Basilikum waschen, trocken schütteln, die Blätter abzupfen und grob in Streifen schneiden. Tomaten, Basilikum und Kapern mit dem Thunfisch vermengen und mit Salz und Pfeffer würzen.

3 Den Mozzarella in kleine Würfel schneiden und in eine Schale geben.

4 Portionsweise Thunfisch-Tomaten-Mischung in ein Pfännchen geben. Mit etwas Würzöl beträufeln und mit einigen Mozzarellawürfeln bestreuen. Etwa 8 Minuten im heißen Gerät gratinieren, bis der Mozzarella schön zerlaufen ist und leicht Farbe angenommen hat.

5 Währenddessen das Ciabatta in Scheiben schneiden und auf dem Grill oder dem heißen Stein leicht anknuspern. Zum Thunfisch-Pfännchen genießen.

VARIATION

Nach Belieben können die Lammhackbällchen auch auf dem Grill oder dem heißen Stein von allen Seiten angebraten werden. Anschließend werden alle Zutaten zusammen mit dem Käse portionsweise in Pfännchen geschichtet und 7 Minuten gratiniert.

Scharfe Lammhackbällchen auf Fenchel-Tomatensugo und überbacken mit Käse

Fleisch

FÜR 4 PERSONEN

Für den Tomatensugo

- 1 Zwiebel
- 2 Knoblauchzehen
- 2 Tomaten
- 2 EL Olivenöl
- 400 ml passierte Tomaten
- Salz
- Pfeffer
- 1 TL gemahlener Fenchel
- 1 Prise brauner Zucker

Für die Hackbällchen und den Käse

- 400 g Lammhack
- 1 Ei (Gr. S)
- 2 Scheiben Toastbrot
- 2 Knoblauchzehen
- 1 EL Sonnenblumenöl
- Salz
- ½ Bund Salbei
- ½ Bund glatte Petersilie
- 1 TL Chiliflocken
- 400 g Raclette-Käse (in Scheiben)

1 Für den Tomatensugo die Zwiebel schälen und hacken. Knoblauch schälen und fein hacken. Tomaten waschen, die Stielansätze herausschneiden und die Früchte klein würfeln.

2 Das Olivenöl in einer Pfanne erhitzen und die Zwiebel unter Rühren darin ca. 3 Minuten andünsten. Dann Knoblauch und Tomaten hinzugeben. Weitere 3 Minuten dünsten. Die passierten Tomaten hinzugießen und etwas Salz, Pfeffer, den Fenchel und den Zucker unterrühren. 20 Minuten köcheln lassen, dann vom Herd ziehen, nochmals abschmecken und in eine Schale füllen.

3 Das Lammhack mit Ei in eine Schüssel geben. Das Toastbrot ca. 5 Minuten in lauwarmem Wasser einweichen. Knoblauch schälen und grob hacken.

4 Das Toastbrot ausdrücken und mit Knoblauch, Sonnenblumenöl und 1 Teelöffel Salz pürieren. Zum Hackfleisch geben.

5 Die Kräuter waschen, trocken schütteln und die Blätter fein hacken. Zusammen mit den Chiliflocken ebenfalls zum Hackfleisch geben. Alles mit den Händen kräftig vermengen und anschließend kleine, etwa 2 cm große Bällchen formen. Auf einer Platte anrichten.

6 Zuerst portionsweise etwas Tomatensugo in die Pfännchen geben. Darauf einige Lammhackbällchen verteilen und im heißen Gerät etwa 8 Minuten vorgaren. Anschließend die Bällchen wenden, etwas Raclette-Käse darauf verteilen und weitere 7 Minuten gratinieren.

Kalbsschnitzel mit Gorgonzola auf grünem Spargel

Fleisch

FÜR 4 PERSONEN

- 500 g grüner Spargel
- Salz
- Pfeffer
- 3 EL Olivenöl
- 500 g dünne Kalbsschnitzel
- 1 Bund Thymian
- 1 TL abgeriebene Schale einer Bio-Zitrone
- 500 g Gorgonzola dolce
- 50 g Pinienkerne

1 Den Spargel im unteren Drittel schälen, die trockenen Enden abschneiden. In kochendem Salzwasser etwa 6 Minuten vorkochen. Abgießen, abschrecken und abtropfen lassen. Dann in ca. 3 cm lange Stücke schneiden und in eine Schüssel geben. Darin mit etwas Salz, Pfeffer und 1 Esslöffel Oliven mischen.

2 Die Kalbsschnitzel mit einem Fleischklopfer noch dünner klopfen und auf Pfännchengröße zuschneiden. In eine Schale geben.

3 Den Thymian waschen, trocken tupfen und die Blätter abzupfen. Mit dem restlichen Olivenöl, etwas Salz, Pfeffer und der Zitronenschale zum Fleisch geben. Alles vermengen, dann anrichten.

4 Den Gorgonzola dolce würfeln und in eine Schale geben.

5 Portionsweise Spargel in die Pfännchen verteilen, darauf je 1 Kalbsschnitzel und einige Würfel Gorgonzola geben. Zum Schluss ein paar Pinienkerne darüberstreuen. Etwa 8 Minuten im heißen Gerät garen.

Tefal

Marinierte Lammfiletfiletwürfel mit Kirschtomaten und Rosmarin-Käsecreme

Fleisch

1 Die Lammfilets abspülen, trocken tupfen und in kleine Stücke schneiden. In eine Schale geben. Den Knoblauch schälen und durch eine Presse hinzudrücken. Die Zitronenschale hinzugeben. Rosmarin waschen, trocken tupfen, mit der Küchenschere in Stücke schneiden und zusammen mit etwas Pfeffer und der Harissa-Paste ebenfalls hinzugeben. Alles vermengen und abgedeckt im Kühlschrank mindestens 1 Stunde marinieren lassen. Herausnehmen und in eine Schale umfüllen.

2 Die Tomaten waschen, trocknen und halbieren. Die Knoblauchzehe schälen und fein hacken. Tomaten, Knoblauch, etwas Salz und Pfeffer und das Olivenöl in einer Schale mischen.

3 Für die Käsecreme den Manchego reiben, mit der Crème fraîche pürieren und in eine Schale füllen. Rosmarin waschen, trocken tupfen und die Nadeln fein hacken. Knoblauch schälen und durch eine Presse zum Käse drücken. Den Rosmarin unterrühren und alles mit Salz und Pfeffer abschmecken.

4 Portionsweise Tomaten und Filetwürfel in ein Pfännchen geben. Einen schönen Klecks Käsecreme daraufgeben und im heißen Gerät etwa 8 Minuten garen, bis der Käse Farbe annimmt und das Fleisch den gewünschten Gargrad hat.

FÜR 4 PERSONEN

Für das Lammfilet:

- 500 g Lammfilet (ersatzweise Lammlachs)
- 2 Knoblauchzehen
- 1 TL abgeriebene Schale von 1 Bio-Zitrone
- 1 Zweig Rosmarin
- Pfeffer
- 1 TL Harissa-Paste

Für die Kirschtomaten

- 500 g Kirschtomaten
- 1 Knoblauchzehen
- Salz
- Pfeffer
- 2 EL Olivenöl

Für die Käsecreme

- 250 g junger Manchego
- 250 g Crème fraîche
- 1 Zweig Rosmarin
- 1 Knoblauchzehe
- Salz
- Pfeffer

tefal
tefal

Pizzapfännchen Diavolo mit scharfer Salami, Chiliringen, schwarzen Oliven, roten Zwiebeln

Fleisch

FÜR 4 PERSONEN

- 200 ml passierte Tomaten
- 2 TL getrockneter Oregano
- Salz
- Pfeffer
- 70 g scharfe Salami
- 50 g schwarze Oliven ohne Stein
- 1 große rote Zwiebel
- 1 rote Chilischote
- 125 g Mozzarella
- 1 Packung Pizzateig aus dem Kühlregal (ca. 400 g)

1 Je nach Größe der Salamischeiben diese halbieren oder vierteln. Die Oliven in Ringe schneiden. Die Zwiebel schälen und in feine Spalten schneiden. Die Chilischote waschen und in feine Ringe schneiden. Den Mozzarella klein würfeln. Alles auf Schälchen verteilen.

2 Den Pizzateig entrollen und mit dem Backpapier auf Pfännchengröße zuschneiden. In die Pfännchen verteilen und zuerst auf dem heißen Stein oder der Grillplatte 5 Minuten vorgaren. Dann mit Tomatensauce bestreichen, etwas Mozzarella daraufstreuen und darauf die weiteren Zutaten verteilen. Ca. 5 Minuten backen, bis der Teig knusprig und der Belag gebräunt ist.

GRILL UND HEISSER STEIN

Lachsspieße mit Koriander-Chili-Butter

Fisch

FÜR 4 PERSONEN

Für die Spieße

- 600 g Lachsfilet (ohne Haut)
- 600 g Zucchini
- ½ Bio-Limette
- 2 EL Sonnenblumenöl
- 1 TL Ras-el-Hanout
- ½ TL Agavendicksaft
- Salz

Für die Butter

- 1 Bund Koriander
- 1 Knoblauchzehe
- 125 g weiche Butter
- 1 TL Chiliflocken
- Salz

Außerdem

- Holzspieße zum Grillen

1 Das Lachsfilet kalt abspülen, dann trocken tupfen. Eventuell noch vorhandene Gräten entfernen. Den Fisch in kleine, etwa 2 cm große Würfel schneiden. Die Zucchini waschen, trocknen, putzen und ebenfalls in etwa 2 cm große Würfel schneiden. Die Limettenschale abreiben, die Frucht auspressen.

2 Lachs mit der Hälfte der Limettenschale, der Hälfte des Limettensafts und der Hälfte des Öls in einer Schale mischen. Zucchini mit der restlichen Schale, dem restlichen Saft, dem restlichen Öl, Ras-el-Hanout und Agavendicksaft in einer zweiten Schale mischen.

3 Für die Butter den Koriander waschen, trocken schütteln und die Blätter grob hacken. Knoblauch schälen und durch die Presse drücken. Alle Zutaten für die Butter in einer Schale vermengen. Kurz kalt stellen, damit sie etwas fester wird.

4 Zum Grillen Lachs und Zucchini portionsweise auf Spieße stecken. Die Butter aus dem Kühlschrank holen.

5 Die Lachs-Zucchini-Spieße etwa 10 Minuten grillen, dabei nicht zu oft wenden, damit sowohl Lachs als auch Zucchini Bräune annehmen können. Zum Servieren etwas Korianderbutter auf den Spießen schmelzen lassen und mit knusprigem Weißbrot servieren.

TIPP

Sehr lecker schmeckt zu den Spießen auch das aromatische Radicchio-Pfännchen mit Olivenöl, Kräutern, Orangenfilets und Käsekruste. (Rezept Seite 35)
Falls zu den Spießen ein Pfännchen zubereitet wird, können die Zutaten einfach halbiert werden.

Halloumi-Tomaten-Spieße

Veggie

1 Halloumi in knapp 1 cm dicke Scheiben schneiden. Rosmarin waschen, trocken schütteln und die Nadeln hacken. Knoblauch schälen und in Stifte schneiden.

2 Olivenöl, Knoblauch, Rosmarinnadeln, Honig, Zatar und etwas Pfeffer in einer Schale verrühren. Die Zitrone in Scheiben schneiden und hinzugeben. Vorsichtig die Halloumischeiben unterheben und alles bei Zimmertemperatur ca. 30 Minuten ziehen lassen.

3 Die Kirschtomaten waschen und trocken tupfen. Bevor alles aufgespießt wird, vorsichtig die Tomaten zum Halloumi geben und unterheben, sodass sie von der Marinade benetzt sind.

4 Anschließend abwechselnd Halloumi und Tomaten auf Spieße stecken und etwa 6 Minuten von jeder Seite grillen, bis der Halloumi goldbraun ist.

FÜR 4 PERSONEN

- 500 g Halloumi
- 1 Zweig Rosmarin
- 2 Knoblauchzehen
- 4 EL Olivenöl
- 1 EL Honig
- 1 TL Zatar
- Pfeffer
- ½ Bio-Zitrone
- 250 g sehr kleine Kirschtomaten

Außerdem

- Holzspieße zum Grillen

MMMMH, LECKER …

Salsa verde, Hummus, Schafskäse-Joghurt-Sauce, Chimichurri und einige mehr: Zu diesen Spießen schmecken viele Saucen und natürlich knuspriges Weißbrot. (Rezepte ab Seite 108)

Marinierte Calamari mit Melonen-Salat

1 Die Calamari innen und außen waschen, dann trocken tupfen. Thymian waschen, trocken schütteln und die Blätter abzupfen. Die Chilischote waschen und in feine Ringe schneiden. Knoblauch schälen und fein hacken.

2 6 Esslöffel Olivenöl mit dem Agavendicksaft, der Hälfte der Thymianblätter, den Chiliringen und dem Knoblauch verrühren. Die Calamari hinzugeben, alles gut vermengen und mindestens 30 Minuten im Kühlschrank marinieren.

3 Die Limette heiß waschen, trocken reiben, die Schale fein abreiben und den Saft auspressen. Beides mit dem Joghurt verrühren und mit Salz und Pfeffer würzen.

4 Minze waschen, trocken schütteln, die Blätter hacken und unter den Joghurt rühren.

5 Das restliche Olivenöl mit den restlichen Thymianblättern, etwas Salz und Pfeffer verrühren. Das Fruchtfleisch der Melonen in mundgerechte Stücke schneiden und mit der Olivenöl-Thymian-Mischung vermengen.

6 Zum Grillen die Calamari rechtzeitig aus dem Kühlschrank holen, damit sie Zimmertemperatur annehmen können. Dann aus der Marinade heben und auf jeder Seite 2–3 Minuten grillen, nach Belieben entweder im Ganzen oder zuvor in Ringe geschnitten. Währenddessen mit etwas Marinade beträufeln.

Fisch

FÜR 4 PERSONEN

- 600 g küchenfertige Tintenfischtuben ohne Kopf und Innereien, wahlweise ganz oder in Ringe geschnitten
- 1 Bund Thymian
- 1 rote Chilischoten
- 1 Knoblauchzehe
- 10 EL fruchtiges Olivenöl
- 1 EL Agavendicksaft
- 1 Bio-Limette
- 220 g griechischer Joghurt
- ½ Bund Minze
- Salz
- Pfeffer
- 500 g Wassermelonenfruchtfleisch
- 500 g Honigmelonenfruchtfleisch

TIPP

Zum Servieren etwas Joghurtsauce auf Teller geben, darauf die Melonenstücke und die Calamari anrichten.

Kräuterseitlingsfilets mit Ziegenkäsecreme

Veggie

1 Die Kräuterseitlinge putzen und in knapp 1 cm dicke Scheiben schneiden. Schnittlauch waschen, trocken tupfen und in Röllchen schneiden. Petersilie waschen, trocken schütteln und die Blätter hacken.

2 In einer Schüssel die Hälfte des Schnittlauchs und die Hälfte der Petersilie mit Olivenöl, Chiliflocken und Pfeffer verrühren. Die Kräuterseitlinge unterheben, sodass alle Scheiben damit benetzt sind. Etwa 10 Minuten ziehen lassen.

3 Den Ziegenfrischkäse mit Honig, Sonnenblumenöl und Senf glatt verquirlen. Die restlichen Kräuter unterheben und die Mischung mit Salz und Pfeffer abschmecken.

4 Die Pilzscheiben portionsweise waagerecht auf Spieße ziehen. Auf den Grill legen und von beiden Seiten etwa 4 Minuten grillen. Mit Salz bestreuen und mit der Ziegenfrischkäsecreme servieren.

FÜR 4 PERSONEN

- 600 g Kräuterseitlinge
- 2 Bund Schnittlauch
- 1 Bund glatte Petersilie
- 80 ml Olivenöl
- 1 TL Chiliflocken
- Pfeffer
- 400 g Ziegenfrischkäse
- 1 EL Honig
- 4 EL Sonnenblumenöl
- 1 EL Dijon-Senf
- Salz

Außerdem

- Holzspieße zum Grillen

Marinierte und gegrillte Auberginen

Veggie

FÜR 4 PERSONEN

- 2 große Auberginen
- Salz
- 8 EL Olivenöl
- 2 Knoblauchzehen
- Pfeffer
- 1 Bund Basilikum
- 500 g Halloumi

Außerdem:

- Zahnstocher zum Fixieren

1 Die Auberginen waschen, putzen und längs in dünne, ca. 3 mm dicke, Scheiben schneiden. Mit ca. 1 Esslöffel Salz bestreuen und ca. 15 Minuten ziehen lassen, bis sie weich geworden sind. Anschließend abspülen und trocken tupfen.

2 Das Öl in eine Schale geben. Die Knoblauchzehen schälen und hinzupressen. Das Knoblauchöl mit Pfeffer würzen.

3 Basilikum waschen, trocken schütteln und die Blätter in Streifen schneiden. Halloumi in Scheiben schneiden. Jede Scheibe mit etwas Basilikum belegen und in eine Scheibe Aubergine wickeln.

4 Die Päckchen mit Knoblauchöl bestreichen und mit einem Zahnstocher fixieren. Von beiden Seiten etwa 5 Minuten grillen, bis die Auberginenhülle etwas Farbe angenommen hat.

Hähnchen-Saté mit Erdnuss-Sauce

Fleisch

1 Die Hähnchenbrustfilets waschen, trocken tupfen und längs in feine Streifen schneiden.

2 Die Currypaste in eine Schale geben. Die Limette heiß waschen, trocken reiben, die Schale fein abreiben und mit 1 Esslöffel Saft zur Currypaste geben. Die Knoblauchzehen und den Ingwer schälen, fein hacken und ebenfalls dazugeben. Erdnussöl und Sojasauce unterrühren. Die Hähnchenbruststreifen in die Mischung geben, alles gut vermengen und abgedeckt im Kühlschrank mindestens 1 Stunde ziehen lassen.

3 Für die Sauce die Kokosmilch in einem Topf erwärmen. Die Erdnussbutter nach und nach hinzurühren und darin auflösen. Alle restlichen Zutaten einrühren und die Sauce aufkochen lassen. 50 ml Wasser unterrühren und nochmals abschmecken.

4 Die Hähnchenstreifen aus der Marinade nehmen. Wellenartig auf Grillspieße ziehen. Auf dem Grill oder dem heißen Stein von jeder Seite ca. 5 Minuten knusprig grillen, dann zusammen mit der Erdnusssauce servieren.

FÜR 4 PERSONEN

Für die Spieße

- 600 g Hähnchenbrustfilet
- 1 EL rote Currypaste
- 1 Bio-Limette
- 2 Knoblauchzehen
- 3 cm Ingwer
- 2 EL geröstetes Erdnussöl
- 5 EL Sojasauce

Für die Sauce

- 250 ml Kokosmilch
- 200 g cremige Erdnussbutter
- 3 EL Sojasauce
- 2 TL Palmzucker
- 2 EL Limettensaft
- 1 EL rote Currypaste

Außerdem

- Holzspieße zum Grillen

Süßkartoffel-Chorizo-Spieße mit Erbsencreme

Fleisch

1 Die Süßkartoffeln waschen, mehrfach mit einem Schaschlikspieß tief einstechen und mit Schale in kochendem Salzwasser je nach Größe etwa 15 Minuten vorgaren, bis sie bissfest sind. Zu weich sollten sie auf keinen Fall werden. Abgießen, abdämpfen lassen, pellen und in etwa 2 cm große Würfel schneiden.

2 Olivenöl, Orangensaft, etwas Salz, Senf und Garam Masala in einer Schale verrühren und die Kartoffelwürfel unterheben. Abgedeckt bei Zimmertemperatur etwa 30 Minuten ziehen lassen.

3 In der Zwischenzeit die Erbsen mit der Butter in 150 ml leicht gesalzenem Wasser etwa 5 Minuten gar dämpfen. Abgießen, dabei das Wasser auffangen, abschrecken und die Erbsen in ein hohes Gefäß geben.

4 Die Limette heiß waschen, trocken reiben und 1 Teelöffel Schale fein abreiben. Die Frucht auspressen. Schale und Limettensaft zu den Erbsen geben. Den Knoblauch schälen und dazugeben. Die Minze waschen, trocken schütteln und ebenfalls dazugeben. Das Olivenöl hinzugießen und alles pürieren. Wer die Creme dünner mag, rührt etwas vom aufgefangenen Kochwasser darunter, bis die gewünschte Konsistenz erreicht ist. Zum Schluss die Chiliflocken unterrühren und die Mischung mit Salz und Zucker abschmecken.

5 Die Chorizo pellen und in knapp 1 cm dicke Scheiben schneiden. Je nach Durchmesser der Chorizo die Scheiben ganz belassen, halbieren oder vierteln. Abwechselnd mit den Süßkartoffelwürfeln auf Spieße ziehen und etwa 10 Minuten rundum grillen. Zusammen mit der Erbsencreme genießen.

FÜR 4 PERSONEN

Für die Spieße

- 1 kg Süßkartoffeln
- Salz
- 80 ml Olivenöl
- 100 ml frisch gepresster Orangensaft
- 1 EL Dijon-Senf
- 1 TL Garam Masala
- 400 g Chorizo

Für die Erbsencreme

- 350 g Erbsen (TK)
- Salz
- 1 EL Butter
- 1 Bio-Limette
- 1 Knoblauchzehe
- 4 Stängel Minze
- 4 EL Olivenöl
- 1 TL Chiliflocken
- 1 Prise brauner Zucker

Außerdem

- Holzspieße zum Grillen

Scharfe Ananas-Hühnchen-Spieße auf Zitronengras

Fleisch

FÜR 4 PERSONEN

- 600 g Hähnchenbrustfilet
- 2 Knoblauchzehen
- 3 cm Ingwer
- 2 TL Chilipaste
- 2 EL Sonnenblumenöl
- 1 Ananas
- 2 Bund Zitronengras
- Salz

Außerdem

- Holzspieße zum Grillen

1 Das Hähnchenbrustfilet waschen, trocken tupfen und in ca. 2 cm große Würfel schneiden.

2 Knoblauch und Ingwer schälen und sehr fein hacken. Mit der Chilipaste und dem Sonnenblumenöl verrühren, die Hähnchenstücke hinzugeben und alles gut vermischen. Abgedeckt im Kühlschrank mindestens 30 Minuten ziehen lassen.

3 Die Ananas schälen, den harten Strunk entfernen und das Fruchtfleisch in etwa 2 cm große Würfel schneiden. Das Zitronengras waschen, die äußere Schicht entfernen und das weiße Ende mit einem scharfen Messer spitz und schmal zuschneiden.

4 Hähnchenbrustfilet und Ananas abwechselnd auf die Zitronengrasspieße stecken. Etwa 8 Minuten knusprig grillen, bis Ananas und Hühnchen Farbe annehmen.

Gefüllte Pimientos de Padron

Fleisch

FÜR 4 PERSONEN

- 20 Pimientos de Padron
- 180 g Cheddar
- 1 rote Chilischote
- 70 g Frischkäse
- 20 Scheiben Bacon

1 Die Pimientos mit einem Messer vorsichtig längs ein, aber nicht durchschneiden. Dabei weder ganz bis zur Spitze noch ganz bis zum Stiel einschneiden. Vorsichtig die Kerne entfernen. Pimientos waschen und abtropfen lassen.

2 Den Cheddar reiben und in eine Schüssel geben. Die Chilischote waschen und fein hacken. Zusammen mit dem Frischkäse zum Cheddar geben und alles vermengen. Teelöffelweise in die Pimientos füllen und diese anschließend mit Bacon eng umwickeln.

3 Pimientos rundherum etwa 10 Minuten knusprig grillen. Mit Weißbrot und einem Dip, zum Beispiel der Aioli von S. 109, servieren.

Basilikum-Omelett mit Parmesan und Tomatensalat

Veggie

FÜR 4 PERSONEN

Für die Omeletts

- 8 Eier
- 100 g Parmesan
- 2 Bund Basilikum
- Salz
- Pfeffer
- Olivenöl für die heiße Platte

Für den Salat

- 800 g bunte Kirschtomaten
- 2 Schalotten
- 1 Bund Estragon
- 6 EL Olivenöl
- 3 EL Aceto balsamico bianco
- 1 TL Dijon-Senf
- Salz
- Pfeffer

1 Für die Omeletts die Eier in einer Schüssel aufschlagen. Den Parmesan fein reiben und hinzugeben. Basilikum waschen, trocken schütteln und die Hälfte der Blätter in Streifen schneiden. Die geschnittenen Blätter ebenfalls hinzugeben und alles verquirlen. Mit wenig Salz und kräftig Pfeffer würzen.

2 Für den Salat die Kirschtomaten waschen, trocknen und die Stielansätze entfernen. Die Tomaten halbieren und in eine Schale geben.

3 Die Schalotten schälen und sehr fein hacken. Den Estragon waschen, trocken tupfen und die Blätter abzupfen. Olivenöl, Essig und Senf in einer Schale verquirlen. Schalotten und Estragon zugeben und alles kräftig salzen und pfeffern. Zu den Tomatenhälften geben und unterrühren.

4 Die heiße Fläche mit etwas Olivenöl bestreichen und eine kleine Schöpfkelle Eiermischung daraufgeben. Etwa 3 Minuten grillen, bis die Unterseite Farbe annimmt. Einige Basilikumblätter daraufstreuen und das Omelett in der Mitte umklappen. So fortfahren, bis die Eiermischung aufgebraucht ist. Die Omeletts mit Tomatensalat genießen.

SÜSSES NICHT NUR ZUM DESSERT

Tefal

Gratinierte Orangenfilets mit Mascarpone-Schaum

1 Die Orangen waschen und trocknen. 1 Teelöffel Schale fein abreiben. Alle Früchte mit einem Messer schälen und dabei auch die weiße Haut entfernen. Dann die Früchte filetieren, dabei den Saft auffangen. Fruchtfilets mit Likör in eine Schale geben.

2 Die Eier trennen. Eiweiß mit Salz steif schlagen. 2 Esslöffel Zucker hinzugeben und so lange weiterquirlen, bis sich die Zuckerkristalle aufgelöst haben und die Masse wieder ganz steif ist.

3 Eigelb und restlichen Zucker schaumig quirlen. Den Mascarpone mit Orangenschale, 2 Esslöffeln des aufgefangenen Orangensafts und Vanillepuddingpulver verquirlen. Dann mit der Eigelbcreme verrühren und zum Schluss den Eischnee gleichmäßig unterheben.

4 Portionsweise Orangenfilets in die Pfännchen geben und mit etwas Mascarpone-Schaum bedecken. Etwa 6 Minuten gratinieren, bis der Schaum Farbe annimmt und anzieht. Mit gehackten Pistazien bestreut genießen.

FÜR 4 PERSONEN

- 6 Bio-Orangen
- 5 EL Orangenlikör
- 2 Eier (Gr. M)
- 1 Prise Salz
- 75 g Zucker
- 150 g Mascarpone
- 1 EL Vanillepuddingpulver

Außerdem:

- gehackte Pistazien zum Bestreuen

Cremige Clafoutis-Pfännchen mit Waldbeeren

1 Die Eier mit Mehl, Zucker, Vanillezucker und Milch in eine Rührschüssel geben. Alles gut verquirlen und abgedeckt 30 Minuten ruhen lassen.

2 Die Waldbeeren waschen und trocken tupfen. Dann in eine Schale geben.

3 Die Pfännchen mit Butter einstreichen. Etwas Teig hineingießen (maximal auf halbe Pfännchenhöhe) und einige Beeren darauf verteilen. Die Pfännchen jeweils erst auf die heiße Platte stellen, bis der Teig unten fest geworden ist, dann nochmal im Raclettegerät ca. 6 weitere Minuten erhitzen, bis der Teig fest geworden ist und Farbe angenommen hat.

FÜR 4 PERSONEN

- 4 Eier (Gr. M)
- 150 g Weizenmehl
- 75 g Zucker
- 1 Päckchen Vanillezucker
- 200 ml Milch
- 250 g gemischte Waldbeeren (oder nur eine Sorte Obst, z. B. Blaubeeren oder Kirschen)
- 40 g weiche Butter

SCHMECKT AUCH!

Nicht nur alle möglichen Obstsorten wie Ananas, Banane, Mango, Kirschen und viele mehr sind lecker – natürlich können auch kleine Schokoladenstücke, Schokolinsen oder Marshmallows in den Teig gegeben werden.

Tefal

Bratapfel-Pfännchen mit Marzipancreme

1 Die Rosinen in ein Sieb geben, heiß abspülen und dann in einer Schale im Apfelsaft 20 Minuten einweichen. Die Marzipanrohmasse in dieser Zeit ins Tiefkühlfach geben.

2 Die kalte Marzipanrohmasse raspeln. Das Ei trennen. Das Eiweiß steif schlagen, dann 1 Esslöffel Zucker hinzugeben und alles gut verquirlen. Die Eigelbe mit 2 Esslöffeln Zucker schaumig quirlen.

3 Zimt und Crème fraîche zur Eigelbcreme rühren, dann den Eischnee unterheben.

4 Die Äpfel waschen, nach Belieben schälen, vierteln und die Kerngehäuse entfernen. Apfelfruchtfleisch in Spalten schneiden und mit Zitronensaft, dem restlichen Zucker und den Rosinen in einer Schüssel mischen.

5 Etwas Marzipancreme in ein Pfännchen geben und darauf etwas Apfelmischung verteilen. Auf dem Grill oder dem heißen Stein etwa 3 Minuten vorgaren, dann im Gerät etwa 7 Minuten gratinieren. Nach der Hälfte der Garzeit ein paar Mandelsplitter daraufstreuen. Mit Puderzucker bestäubt servieren.

FÜR 4 PERSONEN

- 2 EL Rosinen
- 4 EL Apfelsaft
- 100 g Marzipanrohmasse
- 1 Ei
- 2 Eigelb
- 4 EL brauner Zucker
- 1 TL Zimt
- 250 g Crème fraîche
- 4 kleine Äpfel
- 2 TL Zitronensaft
- 4 EL Mandelsplitter

Außerdem

- Puderzucker zum Bestäuben

Blätterteig-Pfännchen mit Haselnussbaiser und Erdbeeren

1 Die Erdbeeren waschen, trocknen und putzen. Anschießend in Spalten schneiden und mit 2 Esslöffeln Zucker und dem Orangenlikör in einer Schale mischen.

2 Die Eiweiße anschlagen, dann den restlichen Zucker hinzugeben. So lange weiterquirlen, bis die Masse wieder ganz fest ist. Die Speisestärke mit den Haselnüssen mischen und unter die Baisermasse heben.

3 Die Aprikosenkonfitüre glatt rühren. Den Blätterteig mitsamt dem Backpapier auf Pfännchengröße zuschneiden. Mehrfach mit einer Gabel einstechen und mit Aprikosenkonfitüre bestreichen. Auf dem Grill oder dem heißen Stein etwa 5 Minuten vorgaren. Etwas Haselnussbaiser in der Mitte darauf verteilen, dann etwa 6 Minuten gratinieren, bis der Blätterteig an den Rändern schön aufgegangen ist und das Baiser Farbe annimmt.

4 Blätterteigpfännchen zusammen mit den marinierten Erdbeeren und etwas Vanilleeis genießen.

FÜR 4 PERSONEN

- 500 g Erdbeeren
- 100 g Zucker
- 2 EL Orangenlikör
- 2 Eiweiß
- 1 TL Speisestärke
- 100 g gemahlene Haselnüsse
- 75 g Aprikosenkonfitüre
- 1 Packung Blätterteig aus dem Kühlregal

Außerdem

- Vanilleeis zum Servieren

Frischkäse-Feigen-Pfännchen mit Karamellsauce

1 Zuerst die Karamellsauce zubereiten. Dafür den Zucker in einem Topf erhitzen und hellbraun karamellisieren lassen. Dann die Butter hinzugeben und sobald sie geschmolzen ist, nach und nach die Sahne. Die Hitze ausschalten und die Mischung in der Restwärme so lange rühren, bis sich der erstarrte Zucker wieder aufgelöst hat. Dann durch ein Sieb in ein schöne Gefäß gießen.

2 Die Feigen waschen und in etwa 5 mm dicke Scheiben schneiden. Die Schaumschicht der Schokoküsse von den Waffeln schneiden und mit dem Frischkäse verrühren.

3 Die Raclettefömchen mit Butter einstreichen. Die Feigenscheiben abwechselnd mit etwas Frischkäsemischung portionsweise ziegelartig in die Förmchen geben und mit etwas braunem Zucker bestreuen. Etwa 8 Minuten gratinieren, dann mit Karamellsauce und Vanilleeis servieren.

FÜR 4 PERSONEN

Für die Karamellsauce

- 200 g Zucker
- 50 g Butter
- 200 ml Sahne

Für die Pfännchen

- 8 frische Feigen
- 2 Schokoküsse
- 200 g Doppelrahmfrischkäse
- 4 EL brauner Zucker

Außerdem

- brauner Zucker zum Bestreuen
- Vanilleeis zum Servieren

SAUCEN UND DIPPS

Vegan

Chimichurri

FÜR 4 PERSONEN

- 2 Schalotten
- 2 Knoblauchzehen
- 1 Bund glatte Petersilie
- 1 Bund Oregano
- 1 scharfe, rote Chilischote
- 1 Bio-Limette
- 1 Lorbeerblatt
- 100 ml Olivenöl
- Salz
- Pfeffer

1 Die Schalotten schälen und sehr fein hacken. In eine Schale füllen. Den Knoblauch schälen und dazupressen.

2 Die Kräuter waschen, trocken schütteln und die Blätter fein hacken. Die Chili waschen, putzen und ebenfalls fein hacken. Die Limette waschen, ½ Teelöffel Schale abreiben und den Saft auspressen. Das Lorbeerblatt im Mörser fein zerstoßen.

3 Kräuter, Chili, Limettensaft und -schale zusammen mit dem Lorbeerblatt und dem Olivenöl zur Schalotten-Knoblauch-Mischung geben und verrühren. Kräftig mit Salz und Pfeffer würzen und mindestens 1 Stunde ziehen lassen.

TIPP

Chimichurri gibt es in unzähligen Varianten. Statt des Oreganos kann auch 1 Bund Koriander verwendet werden, statt der roten Chili auch eine grüne – oder, wer es nicht so scharf mag, auch gar keine.

Aioli

FÜR 4 PERSONEN

- 3 Knoblauchzehen
- 3 Eigelb
- 1 EL Dijon-Senf
- Salz
- Pfeffer
- 150 ml fruchtiges Olivenöl
- 100 ml Sonnenblumenöl
- 2 TL Zitronensaft

1 Die Knoblauchzehen schälen und durch die Presse in eine Schüssel drücken. Die Eigelbe mit Senf hinzugeben und Salz und Pfeffer zufügen.

2 Die Mischung mit dem Küchenquirl schaumig quirlen. Dann erst tropfenweise und im Verlauf in einem dünnen Strahl das Olivenöl zugeben, dabei immer weiterquirlen. Wenn das Olivenöl aufgebraucht ist, nach und nach das Sonnenblumenöl dazuquirlen. Zum Schluss den Zitronensaft darunterquirlen und die Aioli abgedeckt im Kühlschrank mindestens 1 Stunde ziehen lassen. Vor dem Servieren nochmals mit Salz und Pfeffer abschmecken.

SO GEHT'S

Damit sich Eigelb und Öl gut verbinden, sollte das Eigelb Zimmertemperatur haben. Außerdem ist es wichtig, den Quirl während der Zubereitung immer laufen zu haben und am Anfang wirklich mit wenig Ölzugabe zu beginnen. Dann aber kann nichts schiefgehen und das Resultat kann sich sehen und vor allem schmecken lassen.

Scharfe Mangosauce

FÜR 4 PERSONEN

- 1 Mango
- 1 Limette
- 1 EL Olivenöl
- 1 TL gem. Kreuzkümmel
- ½ TL gem. Kurkuma
- ½ TL Cayennepfeffer
- Salz
- 100 ml Orangensaft

Die Mango schälen und das Fruchtfleisch vom Stein schneiden. Anschließend würfeln und in ein hohes Püriergefäß geben. Die Limette auspressen und den Saft mit dem Olivenöl, allen Gewürzen und etwas Salz zur Mango geben. Den Orangensaft zugießen und die Mischung pürieren. Die Sauce vor dem Servieren pikant abschmecken.

Salsa verde

FÜR 4 PERSONEN

- ½ Bund glatte Petersilie
- ½ Bund Basilikum
- 1 Knoblauchzehe
- 2 Schalotten
- 2 Gewürzgurken
- 2 El kleine Kapern
- 1 TL scharfer Senf
- 1 El Weißweinessig
- 100 ml Olivenöl
- Salz
- Pfeffer

Vegan

1 Die Kräuter waschen, trocken schütteln und die Blättchen hacken. Knoblauch und Schalotten schälen und fein hacken. Die Gewürzgurken klein würfeln.

2 Alle vorbereiteten Zutaten mit den Kapern in einer Schüssel mischen. Senf und Weißweinessig mit dem Olivenöl verquirlen. Über die Kräutermischung geben und unterrühren. Zum Schluss mit Salz und Pfeffer abschmecken.

Joghurtsauce mit Nüssen

FÜR 4 PERSONEN

- 300 g Naturjoghurt
- 1 cm Ingwer
- 1 Knoblauchzehe
- ½ Salatgurke
- je 4 Stängel Minze und glatte Petersilie
- 100 g gemahlene Haselnüsse
- 1 TL Kreuzkümmel
- 1 TL Garam Masala
- 1 TL Salz
- 1 EL Limettensaft
- ½ TL Palmzucker
- 1 Msp. Cayennepfeffer

1 Den Joghurt in eine Schale geben. Ingwer und Knoblauch schälen. Ingwer reiben und zum Joghurt geben, Knoblauch hinzupressen.

2 Die Gurke waschen, schälen und entkernen. Dann auf der Gemüsereibe raspeln. Die Kräuter waschen, trocken schütteln und die Blätter hacken. Zusammen mit allen restlichen Zutaten zum Joghurt geben. Mindestens 1 Stunde im Kühlschrank ziehen lassen.

Schafskäse-Joghurt-Sauce

FÜR 4 PERSONEN

- 200 g Feta
- 300 g Naturjoghurt
- 3 EL Olivenöl
- 1 EL Zitronensaft
- 2 Knoblauchzehen
- 1 EL Tomatenmark
- 1 EL edelsüßes Paprikapulver
- 1 getrocknete Chilischote
- Salz
- Pfeffer

1 Den Feta in ein hohes Gefäß krümeln und den Joghurt mit Olivenöl und Zitronensaft hinzugeben. Knoblauch schälen und hinzupressen, dann das Tomatenmark, das Paprikapulver und die Chilischote hinzugeben und alles mit dem Stabmixer pürieren.

2 Die Schafskäse-Joghurt-Sauce mit Salz und Pfeffer pikant abschmecken und bis zum Servieren mindestens 1 Stunde ziehen lassen.

Sesamsauce

Vegan

FÜR 4 PERSONEN

- 5 EL Sesampaste (Tahin)
- 2 Knoblauchzehen
- 3 EL Zitronensaft
- ½ TL gemahlener Kreuzkümmel
- ½ TL gemahlener Koriander
- Salz
- Pfeffer

1 Die Sesampaste in ein hohes Püriergefäß geben. Den Knoblauch schälen und dazupressen. Alle anderen Zutaten hinzugeben und die Mischung mit 100 ml Wasser aufgießen.

2 Die Sesammischung pürieren, dann nach und nach etwa 200 ml weiteres Wasser zugießen – je nachdem, wie intensiv die Sauce am Ende schmecken soll. Zum Schluss mit Salz, Pfeffer und gegebenenfalls noch 1 Spritzer Zitronensaft abschmecken.

Sauce Béarnaise

FÜR 4 PERSONEN

- 2 Bund Estragon
- 2 Schalotten
- 3 EL Weißweinessig
- 100 ml Weißwein
- 250 g Butter
- 4 Eigelb
- Salz
- Pfeffer

1 Den Estragon waschen und trocken schütteln. Die Blätter hacken. Die Schalotten schälen und hacken. Die Hälfte des Estragons mit Essig, Weißwein und 100 ml Wasser aufkochen. Alles offen köcheln lassen, bis die Flüssigkeit um gut die Hälfte eingekocht ist.

2 Den Estragonsud in eine Edelstahlschüssel passieren. Die Butter zerlassen und etwa 5 Minuten sanft köcheln lassen. Dabei den Schaum entfernen. Die Butter vom Herd ziehen und leicht abkühlen lassen.

3 Die Eigelbe mit dem Estragonsud verquirlen. Die Mischung über einem heißen Wasserbad verquirlen, dann nach und nach die Butter zugießen. Dabei darauf achten, dass die Mischung nicht zu heiß wird, denn das Ei soll nicht gerinnen.

4 Die Mischung aus dem Wasserbad nehmen und den restlichen Estragon unterrühren. Mit Salz und Pfeffer abschmecken und servieren.

Pikante Tomatensalsa

FÜR 4 PERSONEN

Vegan

- 500 g Kirschtomaten
- 2 Schalotten
- 1 Knoblauchzehen
- 1 Messerspitze Chilipulver
- 1 TL gemahlener Kreuzkümmel
- ½ TL Palmzucker
- 1 Bund Koriander
- Salz
- Pfeffer

1 Die Kirschtomaten waschen, trocknen, die Stielansätze herausschneiden und die Früchte vierteln. Die Schalotten schälen und fein hacken. Knoblauch schälen und sehr fein hacken.

2 Alle vorbereiteten Zutaten mit Chilipulver, Kreuzkümmel und Palmzucker in einer Schüssel verrühren.

3 Koriander waschen und trocken schütteln. Die Blätter abzupfen und unter die Tomatenmischung heben. Mit Salz und Pfeffer abschmecken.

Vegan

Hummus classic & pikant

FÜR 4 PERSONEN

- 220 g Kichererbsen aus dem Glas
- 1 Knoblauchzehe
- 3 EL Sesampaste (Tahin)
- 3 EL Zitronensaft
- 3 EL Olivenöl
- 1 TL gemahlener Kreuzkümmel
- Salz
- Pfeffer
- 2 EL gehackte Petersilie

1 Die abgetropften Kichererbsen in ein hohes Püriergefäß geben. Knoblauch schälen und zu den Kichererbsen drücken. Sesampaste, Zitronensaft, Olivenöl und Kreuzkümmel zugeben. Alles pürieren und dabei etwa 50 ml Wasser zugießen, bis die Mischung schön cremig ist. Zum Schluss mit Salz und Pfeffer abschmecken und die Petersilie unterrühren.

2 Für eine pikante Variante 1 Esslöffel Harissa-Paste dazurühren und die Mischung mit Cayennepfeffer abschmecken.